# Protección integral a la infancia y la adolescencia frente a la violencia. Ley Orgánica 8/2021, de 4 de junio (LOPIVI)

**Mª Teresa Porto Benítez**

**ic** editorial

**Protección integral a la infancia y la adolescencia frente a la violencia. Ley Orgánica 8/2021, de 4 de junio (LOPIVI)**
© Mª Teresa Porto Benítez

1ª Edición

© IC Editorial, 2025

Editado por: IC Editorial
c/ Cueva de Viera, 2, Local 3
Centro Negocios CADI
29200 Antequera (Málaga)
Teléfono: 952 70 60 04
Fax: 952 84 55 03
Correo electrónico: iceditorial@iceditorial.com
Internet: www.iceditorial.com

ISBN: 979-13-7027-035-3
Depósito Legal: MA 1358-2025

Impresión: PODiPrint
Impreso en Andalucía – España

Nota de la editorial: IC Editorial pertenece a Innovación y Cualificación S. L.

# Índice

## OBJETIVOS GENERALES

Los objetivos generales del título **Protección integral a la infancia y la adolescencia frente a la violencia. Ley Orgánica 8/2021, de 4 de junio** (**LOPIVI**) son los siguientes:

- ⊃ Comprender el marco normativo y estratégico de la prevención y protección frente a la violencia infantil en España, así como sus principios rectores, responsabilidades y objetivos a perseguir.
- ⊃ Conocer los niveles y protocolos de actuación, recogidos en la LOPIVI, para proteger a los menores de cualquier tipo de violencia contra ellos.

# Marco de actuación de la LOPIVI

## Contenido

## Objetivos

El objetivo general de esta Unidad de Aprendizaje es:

→ Comprender el marco normativo y estratégico de la prevención y protección frente a la violencia infantil en España, así como sus principios rectores, responsabilidades y objetivos a perseguir.

Los objetivos específicos de esta Unidad de Aprendizaje son:

→ Identificar los distintos tipos de violencia sobre la infancia y la adolescencia y, en especial, sus repercusiones sobre la salud integral de los menores.

→ Conocer los derechos y mecanismos de protección de las víctimas, así como los deberes de comunicación ante la violencia hacia la infancia, establecidos en la LOPIVI.

→ Analizar las directrices establecidas en la Estrategia de Erradicación de la Violencia sobre la Infancia y la Adolescencia, así como su implicación directa sobre la prevención y protección de los menores.

# 1. Introducción

Actualmente, nos encontramos inmersos en un contexto social donde la preocupación por la protección de los menores es cada vez mayor.

La violencia ejercida contra los menores, en diferentes entornos, ha hecho necesaria una actuación contundente por parte de los órganos competentes en esta materia.

Dentro de este marco, surge la Ley Orgánica 8/2021, de Protección Integral a la Infancia y la Adolescencia frente a la Violencia (LOPIVI). Esta ley representa un avance normativo decisivo en la garantía de los derechos de los menores. Con un enfoque preventivo, integral y transversal, esta ley no solo reconoce a niños, niñas y adolescentes como sujetos plenos de derechos, sino que establece obligaciones claras para las instituciones, los profesionales y la sociedad en su conjunto.

De ahí que conocer sus directrices resulte esencial para comprender el marco legal que articula la protección frente a cualquier forma de violencia que afecte a este colectivo tan vulnerable.

Para profundizar en la situación actual de la violencia infantil en nuestro país, así como en el marco de actuación sobre el que se rige la LOPIVI, nos centraremos en las actuaciones de cuatro importantes agentes sociales del Distrito II de la ciudad: Elena, directora y coordinadora de Bienestar y Protección del IES Colón; Patricia, pediatra del centro de salud de la zona; José Luis, integrante del AMPA del IES Colón; y Jerónimo, uno de los trabajadores sociales que cubren el Distrito II.

# 2. La violencia infantil en España

 **HILO CONDUCTOR**

Los datos y las estadísticas sobre violencia infantil no son desconocidos para Jerónimo. Sin embargo, tras la incorporación de varios nuevos trabajadores sociales a su área, se ha percatado de que no todo el mundo entiende qué es la violencia infantil y cómo influye en los menores, motivo por el que ha decidido darles algo de contexto en una jornada formativa.

Según datos aportados por Aldeas Infantiles, extraídos de las estadísticas de los Ministerios del Interior y de Sanidad, Consumo y Bienestar Social, al menos 40 menores, cada año, son víctimas de maltrato en el entorno familiar, y cerca de 38.000 denuncias por delitos violentos contra la infancia son interpuestas en este mismo periodo.

 ## DEFINICIÓN

### Violencia infantil

Se entiende por violencia toda acción, omisión o trato negligente que priva a las personas menores de edad de sus derechos y bienestar, que amenaza o interfiere su ordenado desarrollo físico, psíquico o social, con independencia de su forma y medio de comisión, incluida la realizada a través de las tecnologías de la información y la comunicación, especialmente la violencia digital (LOPIVI, título preliminar, art. 1).

Estas cifras requerían medidas de actuación urgentes, motivo por el que, desde el año 2021, España dispone de un marco normativo específico, introducido por la Ley Orgánica 8/2021, de 4 de junio, de Protección Integral a la Infancia y la Adolescencia frente a la Violencia (LOPIVI).

 ## PARA SABER MÁS

Para profundizar, puedes consultar dicha ley en el siguiente enlace.

https://redirectoronline.com/lopivi0101

En consonancia a lo dictado por la LOPIVI, en el año 2024 se impulsó una nueva medida orientada a la erradicación de la violencia contra la infancia: la creación de la Comisión frente a la Violencia en los Niños, Niñas y Adolescentes en el Consejo Interterritorial del Sistema Nacional de Salud (CoViNNA).

## IMPORTANTE

La creación de CoViNNA persigue homogeneizar la respuesta del sistema sanitario en todo el territorio nacional y establecer un modelo de actuación sistematizado, basado en la promoción del buen trato, la prevención, la detección precoz y el abordaje integral de todas las formas de violencia desde un enfoque de equidad, accesibilidad, no discriminación y perspectiva de curso de vida.

## 2.1. Tipos de violencia contra la infancia

La exposición a situaciones de violencia durante la infancia y la adolescencia repercute de forma significativa en la salud integral y el bienestar de los menores a lo largo de todo su ciclo vital.

Esto se debe, en gran parte, a que los tipos de violencia que se ejercen sobre ellos pueden ser muy diversos, y no siempre implican un componente físico, y porque se produce en estadios evolutivos muy tempranos, donde son especialmente vulnerables. Así, el estrés derivado de estas experiencias **afecta de manera directa a distintas áreas del desarrollo** y al funcionamiento fisiológico del organismo, como se verá a continuación.

## SABÍAS QUE...

Según el artículo 1 de la LOPIVI, se entiende por violencia (infantil) el maltrato físico, psicológico o emocional, los castigos físicos, humillantes o denigrantes, el descuido o trato negligente, las amenazas, injurias y calumnias, la explotación, incluyendo la violencia sexual, la corrupción, la pornografía infantil, la

*Continúa en página siguiente >>*

*<< Viene de página anterior*

prostitución, el acoso escolar, el acoso sexual, el ciberacoso, la violencia de género, la mutilación genital, la trata de seres humanos con cualquier fin, el matrimonio forzado, el matrimonio infantil, el acceso no solicitado a pornografía, la extorsión sexual, la difusión pública de datos privados, así como la presencia de cualquier comportamiento violento en su ámbito familiar.

----------------------------------------

Entre las principales **formas de violencia** que pueden afectar a la infancia, se identifican las siguientes:

**Violencia psicológica**
- Incluye insultos, humillaciones, amenazas, aislamiento, desatención emocional y manipulación. Esta forma de violencia suele afectar negativamente el desarrollo emocional, deteriorar la autoestima y favorecer la aparición de trastornos como ansiedad, depresión o dificultades en las relaciones interpersonales a futuro.

**Violencia sexual**
- Se produce cuando una persona adulta abusa de su posición de poder para obtener gratificación sexual a través de un menor. Se engloban tanto el contacto físico como la exposición a contenidos sexuales explícitos o situaciones de explotación.
- Sus consecuencias pueden manifestarse en forma de trastornos emocionales graves, como el trastorno de estrés postraumático (TEPT), alteraciones en la construcción de la identidad o dificultades en la vida afectiva y sexual en la edad adulta.

**Maltrato físico**
- Constituye una de las manifestaciones más visibles y reconocibles. Comprende cualquier agresión física intencionada, como golpes, empujones, quemaduras o estrangulamientos, entre otras.
- Además del daño corporal, este tipo de violencia conlleva importantes secuelas emocionales y puede propiciar la repetición de patrones violentos en etapas posteriores de la vida.

*Continúa en página siguiente >>*

*<< Viene de página anterior*

**Explotación**
- Implica la utilización de niños con el fin de obtener un beneficio por parte del adulto. Se considera explotación tanto el trabajo infantil como la trata de menores, la explotación sexual o la participación forzada en actividades delictivas o en el tráfico de estupefacientes. Estas situaciones atentan contra el desarrollo físico, emocional y psicológico del menor.

**Negligencia o abandono**
- Se produce cuando no se satisfacen las necesidades básicas de un menor, tales como la alimentación, la higiene, la atención médica, la educación o el afecto.
- La carencia de cuidados esenciales puede provocar consecuencias graves en la salud, el rendimiento escolar y el equilibrio emocional.

 ## ACTIVIDAD COMPLEMENTARIA

1. Durante la formación que imparte Jerónimo, se habla de las repercusiones que los diferentes tipos de violencia provocan en menores y adolescentes.

Para que la comprensión sea mayor, las categoriza en cuatro grandes grupos:

· Desarrollo cognitivo: entendido como la evolución mental del menor.
· Desarrollo socioafectivo: conlleva la construcción de vínculos seguros y saludables.
· Funcionamiento sistémico: en referencia a alteraciones que se producen en los sistemas orgánicos.
· Conductas de riesgo y salud mental: probabilidad de desarrollar comportamientos de riesgo.

Indica qué tipo de violencia puede provocar cada una de estas secuelas.

## 3. La protección a la infancia y la adolescencia: principios básicos

☞ **HILO CONDUCTOR**

Para finalizar la formación con los nuevos trabajadores sociales, Jerónimo los introduce en el marco general de la LOPIVI. Hace hincapié en su carácter preventivo y desarrolla los principios básicos de actuación.

Desde sus primeras páginas, la LOPIVI establece un marco de actuación realmente claro de entender e interpretar sobre qué pretende conseguir y cómo va a lograrlo. Para ello, debemos centrarnos en su título preliminar y, más concretamente, en sus artículos 1, 3 y 4.

Esta ley tiene como **objeto** proteger los derechos fundamentales de la infancia y la adolescencia frente a cualquier forma de violencia, garantizando su integridad física, mental, emocional y moral, así como su libre desarrollo personal. Con esta intención, se establecen medidas de protección integral que abarcan la sensibilización, la prevención, la detección temprana, la protección y la reparación del daño en todos los entornos donde crecen y viven los niños y adolescentes.

*La LOPIVI es una ley de carácter preventivo, cuyo objetivo principal es evitar que la violencia llegue a producirse. Para ello, insta a la creación de entornos seguros y formación específica para los actores implicados.*

Estos grandes objetivos pueden identificarse en su desarrollo en forma de **dos grandes bloques: principios y fines.**

## 3.1. Principios y criterios generales

Los principios y criterios generales establecidos en la Ley Orgánica 8/2021 (art. 4) incluyen todos aquellos dispuestos para la interpretación del interés superior del menor, recogidos en el art. 2 de la Ley Orgánica 1/1996, de 15 de enero, de Protección Jurídica del Menor.

 **PARA SABER MÁS**

Puedes consultar el texto completo de la Ley de Protección Jurídica del Menor, desde la web del BOE.

https://redirectoronline.com/lopivi0102

Además de los mencionados, se establecen los siguientes, agrupados en:

- **Prohibición.** Se prohíbe toda forma de violencia sobre los niños, niñas y adolescentes.
- **Actuaciones prioritarias.** Se da prioridad a las actuaciones de carácter preventivo.
- **Promoción.** Incluye la promoción del buen trato al niño y adolescente como elemento central de todas las actuaciones. Esta promoción debe abordarse desde un enfoque integral, garantizando la coordinación y cooperación interadministrativa e intradministrativa, así como la cooperación internacional. También se debe asegurar la igualdad de trato de niños y niñas mediante la coeducación y el fomento de la enseñanza en equidad, y la deconstrucción de los roles y estereotipos de género.
- **Protección.** Concretamente de los niños y adolescentes frente a la victimización secundaria.
- **Capacitación.** La capacitación y especialización recogida en la LOPIVI recae especialmente en los profesionales que tienen contacto habitual con los niños y adolescentes para la detección precoz de posibles situaciones de violencia, y en los menores de edad para la detección precoz

y la adecuada reacción ante posibles situaciones de violencia ejercida sobre ellos o sobre terceros.

- **Individualización.** Individualización de las medidas, teniendo en cuenta las necesidades específicas de cada niño, niña o adolescente víctima de violencia.
- **Incorporaciones a tener en cuenta.** La perspectiva de género y el enfoque transversal de la discapacidad en el diseño e implementación de cualquier medida relacionada con la violencia sobre los menores.
- **Garantías.** Asegurando la supervivencia y el pleno desarrollo de los menores, así como el ejercicio del derecho a la participación de los niños y adolescentes en toda toma de decisiones que les afecte.
- **Establecimiento de medidas.** Destacan la evaluación y determinación formal del interés superior del menor en todas las decisiones que afecten a una persona menor de edad; la adopción de medidas para promover la recuperación física, psíquica, psicológica y emocional; la inclusión social de los niños, niñas y adolescentes víctimas de violencia; así como el apoyo especializado, especialmente educativo, orientado a la promoción del buen trato y la prevención de conductas violentas en aquellos menores que hayan cometido actos de violencia, para evitar la reincidencia.

## 3.2. Fines de la LOPIVI

Los fines que persigue la Ley Orgánica 8/2021, y que se recogen en su art. 3, pueden clasificarse de esta forma:

**Sensibilización, prevención y buen trato**
- Destaca la necesidad de implementar medidas de sensibilización y prevención frente a la violencia hacia la infancia y la adolescencia, mediante información adaptada, formación especializada, apoyo a las familias y promoción de la participación infantil. Igualmente, se propone reforzar las capacidades de los menores para reconocer y afrontar situaciones de violencia, así como crear entornos seguros, inclusivos y respetuosos en todos los ámbitos de su vida.

**Detección precoz y formación profesional**
- Impulsando la detección precoz de la violencia mediante la formación interdisciplinar, inicial y continua de profesionales con contacto habitual con menores.

*Continúa en página siguiente >>*

*<< Viene de página anterior*

**Participación y derecho a ser escuchados**
- Se plantea la necesidad de garantizar que los menores sean escuchados y que sus opiniones se tengan en cuenta en situaciones de violencia, asegurando su protección y evitando que sufran una victimización adicional.

**Protección jurídica y administrativa**
- Se establece el refuerzo de los marcos civil, penal, procesal y administrativo para asegurar una protección integral de los menores víctimas de violencia, garantizando la tutela judicial y administrativa efectiva, así como la reparación de sus derechos vulnerados.

**Protección frente a discriminación y vulnerabilidad**
- Se prevé una atención prioritaria a los menores en situación de especial vulnerabilidad y la garantía de protección frente a cualquier forma de discriminación o estereotipo que afecte a su dignidad y derechos.

**Coordinación institucional**
- Garantizando la actuación coordinada y la colaboración constante entre administraciones públicas y profesionales implicados en las distintas fases: sensibilización, prevención, detección, protección y reparación.

**Identificación de las causas**
- Mediante el abordado y erradicación las causas estructurales que permiten la violencia contra la infancia en la sociedad.

**Protección de la imagen del menor**
- Desde su nacimiento hasta después del fallecimiento.

## 4. Derechos y deberes recogidos en la LOPIVI

### 👉 HILO CONDUCTOR

Durante el desayuno, Patricia coincide con una compañera enfermera y comienzan a charlar. Esta está bastante nerviosa porque acaba de curar heridas en un niño de 9 años que le resultan sospechosas. Patricia le indica que tiene el deber, como sanitaria, de denunciarlo.

- - - - - - - - - - - - - - - - - - - - - - - - - - - - - - - - - - - - - -

Los derechos y deberes recogidos en la LOPIVI podemos encontrarlos en los títulos I y II, respectivamente.

Los primeros hacen referencia a los derechos de niños y adolescentes frente a la violencia. Los segundos instan al deber de comunicación del resto de agentes sociales sobre situaciones de violencia contra la infancia:

⤷ Derechos de los niños y adolescentes frente a la violencia:

- ↻ **Garantía de los derechos de los niños.** Se garantiza el ejercicio efectivo de los derechos reconocidos en la ley a las víctimas menores, con atención especial a quienes se encuentran en situación de vulnerabilidad. Las Oficinas de Asistencia a las Víctimas actuarán como centro de apoyo y coordinación de recursos, asegurando un trato integral y respetuoso.
- ↻ **De información y asesoramiento.** La víctima y su entorno cercano recibirán información clara sobre sus derechos y los canales de denuncia existentes. Dicha información deberá presentarse en un formato accesible, en un lenguaje comprensible y adaptado a las características individuales.
- ↻ **De las víctimas a ser escuchadas.** Se reconoce el derecho de las personas menores a ser oídas en todos los procedimientos, sin restricciones por edad. Se deberán evitar prácticas sin base científica y se deberá garantizar la formación de los profesionales implicados.
- ↻ **A la atención integral.** Se contempla una atención integral y adaptada a las víctimas, que cubra aspectos terapéuticos, educativos y sociales. Se requerirá una coordinación eficaz entre agentes implicados para evitar nuevas situaciones de daño.
- ↻ **Legitimación para la defensa de derechos e intereses.** Las personas menores víctimas de violencia podrán defender sus derechos ante la justicia directamente o mediante representante.

- **A la asistencia jurídica gratuita.** Se garantiza asistencia jurídica gratuita a las víctimas menores, con profesionales formados en derechos de la infancia. Se prioriza la atención urgente y continua durante el proceso judicial, permitiendo la personación como acusación particular.

○ Deber de comunicación de situaciones de violencia:

- **De la ciudadanía.** Cualquier persona tiene el deber de informar de forma inmediata sobre posibles situaciones de violencia infantil. La comunicación deberá dirigirse a la autoridad competente o, si procede, a órganos judiciales o policiales.
- **De comunicación cualificado.** Las personas con responsabilidad profesional en el cuidado de menores deben informar de forma inmediata cualquier indicio de violencia. Además de comunicar, se exige atención a la víctima y colaboración con las autoridades.
- **De situaciones de violencia por parte de niños.** Las personas menores pueden comunicar situaciones de violencia de forma directa o con apoyo. Se habilitarán canales accesibles y medios electrónicos gratuitos para facilitar la denuncia.
- **De información de centros educativos y residencias.** Los centros deberán informar de manera clara y accesible sobre los canales de denuncia existentes. Dicha información debe estar siempre actualizada y disponible para su consulta libre.
- **Sobre contenidos ilícitos en internet.** Se obliga a denunciar contenidos en línea que promuevan violencia hacia personas menores. Se habilitarán canales seguros de denuncia en colaboración con autoridades competentes.
- **Protección y seguridad.** Se garantizará la confidencialidad y seguridad de quienes comuniquen casos de violencia infantil. Las autoridades y centros deberán adoptar medidas de protección frente a posibles riesgos.

 **TAREA 1**

Tras la conversación con Patricia, Ana, la enfermera, no deja de pensar en que es cierto que debe dar parte de lo que ha visto. Sin embargo, desconoce totalmente qué debe hacer y cuáles son sus obligaciones al respecto.

Para dar parte con seguridad, echa un vistazo a la Ley Orgánica 8/2021. ¿A qué artículos del título II debe acogerse?

## 5. La Estrategia de Erradicación de la Violencia sobre la Infancia y la Adolescencia

 **HILO CONDUCTOR**

En el AMPA del IES Colón están organizando las actividades y los talleres que realizarán con las familias a lo largo del trimestre. José Luis, conocedor de la Estrategia de Erradicación de la Violencia sobre la Infancia y la Adolescencia, plantea una serie de talleres y debates en torno a ella.

- - - - - - - - - - - - - - - - - - - - - - - - - - - - - - - - - - - - - - - - -

La Administración General del Estado, junto con comunidades autónomas, entidades locales y ciudades autónomas, desarrolló en el año 2023 una estrategia nacional plurianual para erradicar la violencia contra la infancia y la adolescencia.

Este proyecto, denominado **Estrategia de Erradicación de la Violencia sobre la Infancia y la Adolescencia,** se ha centrado en diversos ámbitos: familiar, educativo, sanitario, social, tecnológico, deportivo y de seguridad.

**PARA SABER MÁS**

Puedes consultar el texto íntegro de la Estrategia de Erradicación de la Violencia sobre la Infancia y la Adolescencia en el siguiente enlace.

https://redirectoronline.com/lopivi0203

- - - - - - - - - - - - - - - - - - - - - - - - - - - - - - - - - - - - - - - - -

Su elaboración, alineada con la Estrategia Nacional de Infancia y Adolescencia, incluye la participación del Observatorio de la Infancia, entidades del tercer sector y niños y adolescentes.

Por su parte, el **Ministerio de Derechos Sociales, Consumo y Agenda 2030** es el encargado de asumir e impulsar dicha estrategia.

*La Estrategia de Erradicación de la Violencia sobre la Infancia y la Adolescencia cubre el periodo 2023-2030 y gira en torno a cinco áreas estratégicas, concretadas en diferentes estrategias y principios.*

De acuerdo con el art. 21 de la LOPIVI, cada año el órgano impulsor elaborará un informe de evaluación en colaboración con diversos ministerios y el Alto Comisionado. Este informe, con datos estadísticos sobre violencia, será público, y sus resultados se tendrán en cuenta en las futuras políticas públicas.

## 5.1. Áreas estratégicas, objetivos y líneas de actuación

La Estrategia de Erradicación de la Violencia sobre la Infancia y la Adolescencia contiene cinco áreas estratégicas y establece, para cada una de ellas, un objetivo a perseguir y diferentes líneas de actuación y medidas.

 **IMPORTANTE**

El propósito de dicha Estrategia es garantizar el cumplimiento y ejercicio de los derechos humanos de los niños a una vida libre de violencia, que les permita desarrollar todo su potencial y tener una infancia feliz.

En este orden se presentan en el siguiente cuadro-resumen (Ministerio de Derechos Sociales, Consumo y Agenda 2030):

| | |
|---|---|
| **Conocimiento de la realidad de la violencia contra la infancia** | **Objetivo:**<br>- Garantizar el reconocimiento de la realidad de la violencia contra la infancia y adolescencia, necesario para desarrollar estrategias de actuación eficaces y ajustadas a la misma.<br>**Líneas de actuación:**<br>- Investigación<br>- Registro unificado<br>- Transparencia<br>- Presupuestos |
| **Cultura del buen trato y tolerancia cero a la violencia** | **Objetivo:**<br>- Crear una cultura de buen trato y tolerancia cero ante al violencia contra la infancia y adolescencia.<br>**Líneas de actuación:**<br>- Movilización social<br>- Marco normativo integral |
| **Entornos seguros** | **Objetivo:**<br>- Garantizar que los entornos donde convivan y se relacionen niños y adolescentes sean entornos seguros.<br>**Líneas de actuación:**<br>- Cultura de protección organizacional<br>- Formación a profesionales<br>- Capacitación a familias<br>- Protagonismo infantil y adolescente |
| **Atención especializada y multidisciplinar** | **Objetivo:**<br>- Garantizar una atención especializada y multidisciplinar a los niños y adolescentes que han sufrido o ejercido violencia.<br>**Líneas de actuación:**<br>- Especialización y multidisciplinariedad<br>- Accesibilidad y cobertura<br>- Universalidad y transversalidad |
| **Abordaje multidisciplinar, coordinado y eficaz de la violencia** | **Objetivo:**<br>- Garantizar un abordaje multidisciplinar, coordinado y eficaz de la violencia contra la infancia y adolescencia.<br>**Líneas de actuación:**<br>- Coordinación entre Administraciones<br>- Coordinación con otros actores |

## APLICACIÓN PRÁCTICA

La idea de José Luis en torno a la realización de talleres relacionados con la Estrategia de Erradicación de la Violencia sobre la Infancia y la Adolescencia en el AMPA es bien acogida. Primero se centrará en su tercera área, sobre entornos seguros. ¿Cuáles de estas líneas de actuación son más adecuadas para abordar en un primer encuentro?

a. Atención especializada y multidisciplinar
b. Capacitación a las familias
c. Protagonismo infantil y adolescente
d. Cultura de protección organizacional

**Solución**

El hecho de que estas alternativas sean las opciones correctas se debe a dos motivos: en primer lugar, son las únicas que pertenecen a la tercera área estratégica y, en segundo lugar, las tres son acciones que pueden llevarse a cabo desde una organización como el AMPA de un centro escolar.

# 6. Resumen

La violencia infantil en España continúa siendo un fenómeno extendido y complejo. Esta realidad motivó la aprobación de la LOPIVI en 2021 y, más recientemente, la creación de la Comisión frente a la Violencia en los Niños, Niñas y Adolescentes (CoViNNA), con el fin de homogeneizar la respuesta del sistema sanitario en todo el territorio nacional y establecer un modelo de actuación sistematizado, basado en la promoción del buen trato, la prevención, la detección precoz y el abordaje integral de todas las formas de violencia desde un enfoque de equidad, accesibilidad, no discriminación y perspectiva de curso de vida.

Esta violencia infantil, según la LOPIVI, abarca desde el maltrato físico y psicológico hasta la violencia digital, pasando por la negligencia, el acoso escolar y sexual, la explotación, la trata, la pornografía infantil o el matrimonio forzado. Esta diversidad de formas implica consecuencias graves en el desarrollo cognitivo, socioafectivo, fisiológico y emocional de los menores, especialmente cuando se producen en edades tempranas.

En su estructura, la LOPIVI establece principios rectores como la primacía del interés superior del menor, la no discriminación, la equidad, la accesibilidad y la perspectiva de curso de vida. Estos principios orientan la acción de las administraciones y de los profesionales del ámbito educativo, sanitario, social y judicial. Junto a ellos, se fijan fines concretos relacionados con la creación de entornos seguros, la promoción del buen trato, la sensibilización social, la actuación coordinada de los distintos sectores y la reparación del daño.

Uno de los aspectos clave de la ley es la diferenciación entre los derechos de los menores y los deberes de los adultos. Los títulos I y II recogen, respectivamente, los derechos frente a la violencia y los deberes de comunicación que corresponden tanto a la ciudadanía como a los profesionales que intervienen en la atención de la infancia.

En el marco de aplicación de la LOPIVI, se ha aprobado también la Estrategia de Erradicación de la Violencia sobre la Infancia y la Adolescencia (2023-2030). Esta estrategia nacional plurianual ha sido elaborada de manera colaborativa por la Administración General del Estado, las comunidades autónomas, las entidades locales, el Observatorio de la Infancia y representantes del tercer sector y de la infancia. Se estructura en torno a cinco áreas estratégicas que incluyen objetivos, líneas de actuación y medidas concretas orientadas a reducir la violencia en entornos como la familia, la escuela, el sistema sanitario, los espacios digitales o los ámbitos recreativos.

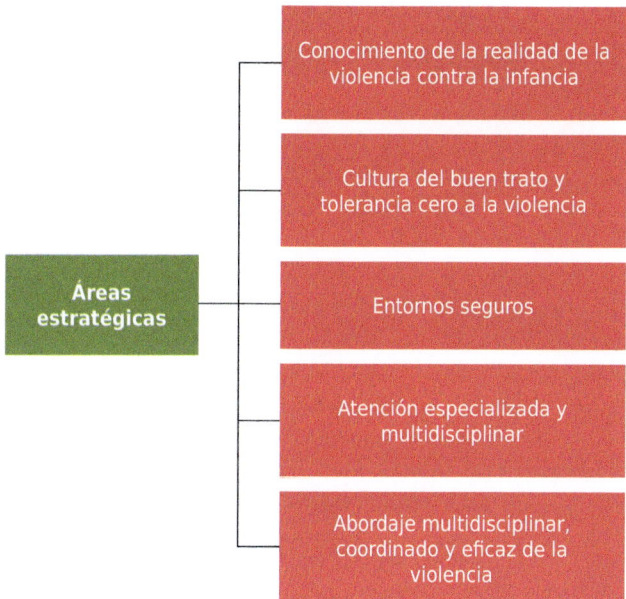

# Ejercicios de autoevaluación
# Unidad de Aprendizaje 1

1. Determina si la siguiente afirmación es verdadera o falsa: "Según datos aportados por Aldeas Infantiles, extraídos de las estadísticas de los Ministerios del Interior y de Sanidad, Consumo y Bienestar Social, al menos 40 menores, cada año, son víctimas de maltrato en el entorno familiar".

   ■ Verdadero
   ■ Falso

2. ¿Cuál es la vigencia de un protocolo de prevención frente al acoso?

   a. 5 años por norma legal
   b. No está definida.
   c. Temporal según el tipo de organización
   d. Indefinida, con actualizaciones periódicas

3. ¿Por qué la violencia ejercida sobre los menores afecta especialmente a distintas áreas del desarrollo y al funcionamiento físico del organismo?

   a. Porque no siempre implica un componente físico.
   b. Porque su organismo aún no está desarrollado.
   c. Porque se produce en estadios evolutivos muy tempranos.
   d. Porque los menores son especialmente vulnerables.

4. La LOPIVI puede considerarse una ley con un carácter eminentemente...

   a. ... enfocado a la protección.
   b. ... directo.
   c. ... preventivo.
   d. ... dirigido a la sensibilización.

5. ¿Cuáles de estas respuestas pertenecen a las áreas estratégicas de
la Estrategia de Erradicación de la Violencia sobre la Infancia y la
Adolescencia?

     a. Sensibilización de la sociedad
     b. Conocimiento de la realidad de la violencia contra la infancia
     c. Entornos seguros
     d. Abordaje multidisciplinar, coordinado y eficaz de la violencia

# Ámbitos de actuación

## Contenido

## Objetivos

El objetivo general de esta Unidad de Aprendizaje es:

→ Conocer los niveles y protocolos de actuación, recogidos en la LOPIVI, para proteger a los menores de cualquier tipo de violencia contra ellos.

Los objetivos específicos de esta Unidad de Aprendizaje son:

→ Comprender el enfoque de protección integral establecido en la LOPIVI, identificando los niveles y ámbitos de actuación que garantizan el derecho de los niños y adolescentes a vivir libres de violencia.

→ Aplicar correctamente los protocolos de detección, notificación e intervención contra la violencia infantil, desde una perspectiva integral y coordinada.

# 1. Introducción

La protección integral de la infancia y la adolescencia frente a la violencia afecta directamente a los derechos fundamentales reconocidos en el art. 15 de la Constitución española.

Dado que se trata de derechos fundamentales, su garantía adquiere un carácter reforzado dentro del marco del Estado democrático de derecho. Esta protección se concreta, principalmente, en dos aspectos: que el desarrollo legal de estos derechos debe realizarse mediante una ley orgánica, y que los derechos reconocidos en el art. 15 pueden ser objeto de tutela a través de un recurso preferente y sumario, así como del recurso de amparo constitucional.

De ahí que la aprobación de la Ley Orgánica 8/2021, de 4 de junio, de Protección Integral a la Infancia y la Adolescencia frente a la Violencia, represente el comienzo de un cambio institucional y social, cuya finalidad persigue la erradicación de la violencia contra la infancia en todo ámbito estatal.

Para ello, resulta imprescindible activar los mecanismos previstos en la norma para la prevención de la violencia, así como garantizar la protección de los menores mediante la aplicación de la ley en todos los niveles administrativos y un gran cambio en la mentalidad colectiva.

En este contexto, cobra especial relevancia la comprensión y el conocimiento profundo del contenido de esta ley, especialmente por parte de las personas, administraciones, entidades e instituciones implicadas en la garantía de los derechos de la infancia, dado que el cumplimiento efectivo de los objetivos previstos en la ley requiere la asunción de competencias por parte de todas las entidades implicadas.

Como se ha podido observar en algunos casos, los agentes sociales en los que nos hemos centrado se han encargado de que la concienciación sea una realidad en la comunidad. Sin embargo, durante las acciones que cada uno de ellos han llevado a cabo, han sido conscientes de que los protocolos de actuación ante la violencia infantil son grandes desconocidos. Su objetivo es que se aprendan para poder ponerlos en marcha cuando sea necesario.

Este es el caso concreto de Elena, quien se verá obligada a activar los protocolos educativos y, en consecuencia, a hacer que todo su equipo los conozca y sepa cómo ponerlos en práctica.

## 2. Niveles de actuación

☞ **HILO CONDUCTOR**

Desde la Junta Municipal del Distrito II se han organizado algunas charlas informativas sobre los diferentes niveles de actuación recogidos en la LOPIVI. Allí han coincidido Elena, Patricia, José Luis y Jerónimo, quienes han acordado seguir en contacto para unificar esfuerzos en la comunidad.

La protección integral de niños y adolescentes comprende el conjunto de medidas destinadas a garantizar su derecho a la integridad física y psicológica en todos los entornos en los que se desenvuelvan. Esto significa que las actuaciones llevadas a cabo no solo deben abarcar un alto nivel de protección de los menores, sino también un nivel de concienciación, sensibilización y prevención muy amplio.

Esta es una de las grandes novedades de la LOPIVI, que introduce la definición de distintos niveles y ámbitos de actuación en los que debe asegurarse el derecho a no sufrir violencia y a recibir un trato adecuado, abarcando todos los frentes posibles.

Para ello, concreta **cuatro niveles de actuación** (título III, capítulo II):

**Sensibilización**
- Las Administraciones públicas promoverán campañas informativas basadas en evidencias, para concienciar sobre el derecho al buen trato y combatir discursos o prácticas violentas. También se impulsarán campañas sobre el uso seguro de internet, incorporando la perspectiva infantil. Estas iniciativas deberán ser accesibles y adaptadas por edad y discapacidad.

**Prevención**
- Se elaborarán planes y programas específicos para prevenir la violencia contra la infancia y la adolescencia en diversos ámbitos, priorizando la atención a grupos vulnerables. Las acciones preventivas incluirán desde la promoción del buen trato hasta la formación especializada, pasando por medidas de conciliación, igualdad, participación infantil y prevención del abandono escolar. Estas actuaciones tendrán carácter prioritario y contarán con dotación presupuestaria específica.

*Continúa en página siguiente >>*

*<< Viene de página anterior*

**Prevención de la radicalización en los niños y adolescentes**
- Conlleva la adopción de medidas de sensibilización y detección precoz para proteger a los menores frente a procesos de aprendizaje de conductas violentas o delictivas, garantizando asistencia en caso necesario e incorporando un enfoque de género y edad.

**Detección precoz**
- Se desarrollarán programas de formación para profesionales con contacto habitual con menores, con el fin de detectar posibles situaciones de violencia. Las situaciones identificadas deberán comunicarse de inmediato, salvo que los progenitores o responsables estén implicados. También se impulsará la capacitación de niños, niñas y adolescentes para identificar por sí mismos posibles situaciones de riesgo.

 ## ACTIVIDAD COMPLEMENTARIA

2. Durante las charlas informativas de la Junta de Municipal del Distrito II, Elena, Patricia, José Luis y Jerónimo acuerdan presentar ante la Junta un plan de actuación coordinado, que recoja algunas actuaciones sencillas para implementar los niveles de actuación en todos los ámbitos de la comunidad. Creen que, de no ser así, la sensibilización de la comunidad será muy complicada.

Entre las actuaciones propuestas se encuentran:

· Organizar una campaña informativa con carteles, vídeos y talleres impartidos por profesionales especializados en infancia.
· Crear trípticos con rasgos identificables, como actitudes de aislamiento, discursos violentos, actitudes extremistas, etc.
· Organizar sesiones teatrales para que los menores aprendan a identificar y comunicar situaciones de riesgo.
· Realizar una formación para familias sobre parentalidad positiva, educación emocional, igualdad y respeto.
· Recoger opiniones en la comunidad en torno al conocimiento que poseen sobre la prevención y protección a la infancia, para poder determinar otro tipo de medidas a partir de ahí.

Identifica a qué nivel de actuación pertenece cada acción planteada.

# 3. Protocolos de actuación

 **HILO CONDUCTOR**

Tras acudir a algunas de las acciones de la campaña de sensibilización realizada en el Distrito, una de las profesoras del IES Colón alerta a Elena de que cree que uno de sus alumnos está en situación de riesgo. La directora activa inmediatamente los protocolos indicados en la LOPIVI para el ámbito educativo.

- - - - - - - - - - - - - - - - - - - - - - - - - - - - - - - - - - - - -

En caso de que las medidas preventivas fallen, es necesario que existan actuaciones bien delimitadas, ajustadas a un ámbito determinado, y requerimientos de cada caso, para dar una respuesta eficaz y contundente ante la violencia llevada a cabo contra un menor.

✎ **DEFINICIÓN**

**Protocolos de actuación**

Al hablar de protocolos de actuación en caso de violencia infantil se hace referencia al conjunto de procedimientos, medidas y criterios de intervención para detectar, notificar, valorar y actuar ante situaciones de violencia ejercida sobre niños, niñas o adolescentes, con el objetivo de garantizar su protección, atención integral y restitución de derechos.

- - - - - - - - - - - - - - - - - - - - - - - - - - - - - - - - - - - - -

*Los protocolos de actuación ayudan a coordinar las actuaciones de forma coherente, rápida y eficaz, especificando el papel que deben asumir los distintos profesionales e instituciones implicadas.*

En la LOPIVI se establecen los siguientes **ámbitos de actuación,** y se asocia a cada uno un **protocolo de actuación** individualizado y diferenciado.

## 3.1. Ámbito familiar

Las actuaciones recogidas en la LOPIVI para el ámbito familiar abarcan **cuatro grandes áreas:** la prevención, actuaciones específicas del ámbito familiar, situaciones de ruptura familiar y situaciones de violencia de género.

Veamos, a continuación, el protocolo específico en cada una de ellas (título III, capítulo III):

- ⬤ **Prevención.** Las Administraciones públicas deben apoyar a familias y convivientes habituales de menores para prevenir riesgos desde la primera infancia, fortalecer factores de protección y facilitar el ejercicio adecuado de las funciones parentales. Este apoyo debe incluir un diagnóstico territorial y orientarse a promover el buen trato, la parentalidad positiva, la corresponsabilidad, la educación emocional, la atención prenatal y perinatal, la resolución de conflictos, la eliminación del castigo violento, la detección de la violencia, el apoyo a la discapacidad, y la prevención del matrimonio infantil y del abandono escolar.
- ⬤ **Actuaciones específicas del ámbito familiar.** Se deben impulsar políticas familiares centradas en la calidad de la parentalidad positiva, con medidas para prevenir la pobreza, favorecer la conciliación y evitar la separación familiar. Además, deben elaborarse materiales formativos accesibles sobre derechos y deberes de la infancia, igualdad de género y diversidad sexual y de género, para prevenir la violencia y la discriminación.
- ⬤ **Situaciones de ruptura familiar.** En casos de ruptura familiar, deben adoptarse medidas que protejan el interés superior del menor. Entre ellas, se incluye el refuerzo de servicios públicos especializados como los puntos de encuentro familiar y los servicios de mediación o gabinetes psicosociales, respetando la autonomía de las partes implicadas.
- ⬤ **Situaciones de violencia de género.** Las Administraciones deben garantizar la detección y atención integral ante situaciones de violencia de género que afecten a menores, considerando también la recuperación de la madre como víctima. Se asegurará la permanencia con la madre salvo que sea contrario al interés del menor, mediante la intervención de los servicios sociales y la coordinación con recursos especializados, siguiendo los protocolos institucionales establecidos. Para ello, los servicios sociales y de protección de la infancia y adolescencia asegurarán:

- La detección y la respuesta específica a las situaciones de violencia de género.
- La derivación y la coordinación con los servicios de atención especializada a menores de edad víctimas de violencia de género.

Asimismo, se seguirán las pautas de actuación establecidas en los protocolos que en materia de violencia de género tienen los diferentes organismos sanitarios, policiales, educativos, judiciales y de igualdad.

## 3.2. Ámbito educativo

Los protocolos de actuación para el ámbito educativo en caso de violencia contra menores se recogen en el capítulo IV del título III de la LOPIVI.

Estas actuaciones se fundamentan en los principios pedagógicos que indican que el sistema educativo debe basarse en el respeto mutuo y promover una educación inclusiva, igualitaria y de calidad, orientada al desarrollo integral del alumnado en un entorno seguro y libre de violencia (art. 30).

De ahí que en todas las etapas educativas se pretenda garantizar una formación transversal que fomente la participación, el respeto a la dignidad y los derechos, la igualdad de género, la diversidad familiar, estilos de vida saludables y la prevención de la violencia y la discriminación, con especial atención a la infancia en situación de vulnerabilidad (art. 31).

 **SABÍAS QUE...**

Los planes de convivencia de los centros educativos son obligatorios y están regulados en el art. 124 de la Ley Orgánica 2/2006, de 3 de mayo, de Educación.

https://redirectoronline.com/lopivi0201

Para poder cumplir con dichos principios, desde el ámbito educativo se marcan las directrices que siguen (título III, capítulos IV y V):

- **Supervisión de la contratación en centros educativos.** Las Administraciones educativas y las personas responsables de los centros deben supervisar la contratación de todo el personal, asegurando la presentación de los certificados exigidos por ley para garantizar la seguridad de niños, niñas y adolescentes en el entorno escolar.
- **Formación en derechos, seguridad y responsabilidad digital.** Se establece la obligación de garantizar que el alumnado adquiera competencias para un uso seguro y respetuoso de los medios digitales, promoviendo la protección de su dignidad, intimidad y datos personales en todas las etapas educativas.
- **Protocolos de actuación.** Se establece la obligación de las administraciones educativas de regular protocolos de actuación frente a todas las formas de violencia que puedan afectar a niños y adolescentes en el ámbito escolar: abuso, maltrato, acoso escolar, ciberacoso, acoso sexual, violencia de género, violencia doméstica, suicidio y autolesión, entre otras contempladas en el ámbito de aplicación de esta ley. Estos protocolos deben elaborarse de forma participativa e implementarse en todos los centros educativos, con independencia de su titularidad, activándose ante la detección de indicios o la comunicación de situaciones de violencia. Su aplicación será evaluada de forma periódica para comprobar su eficacia. Igualmente, deberán incluir medidas claras de actuación, sistemas de comunicación eficaces y mecanismos de coordinación con los servicios sanitarios, judiciales y de seguridad. También deberán contemplar respuestas específicas ante situaciones de acoso por motivos de diversidad o uso de tecnologías, así como garantizar que toda la comunidad educativa conozca su contenido, promoviendo, además, la formación especializada del personal para asegurar su adecuada aplicación.
- **Coordinador de Bienestar y Protección.** Se exige la designación de una persona responsable del bienestar del alumnado en todos los centros educativos, con funciones específicas de prevención, coordinación, formación, seguimiento de protocolos y fomento del buen trato y la convivencia escolar.
  Las funciones mínimas del coordinador o coordinadora del centro educativo son:

  a. Impulsar la formación en prevención, detección y protección frente a la violencia.
  b. Coordinar actuaciones con los servicios sociales y, cuando proceda, informar a las autoridades competentes.

c. Actuar como referente ante situaciones de violencia en el centro educativo.

d. Promover el bienestar del alumnado y una cultura del buen trato.

e. Fomentar la resolución pacífica de conflictos entre alumnado y personal.

f. Informar al personal sobre los protocolos vigentes en su ámbito territorial.

g. Promover el respeto hacia el alumnado vulnerable o con diversidad.

h. Coordinar, junto con la dirección, el plan de convivencia del centro.

i. Comunicarse de forma inmediata con las fuerzas y cuerpos de seguridad ante situaciones de riesgo para menores.

j. Comunicarse de forma inmediata con las autoridades de protección de datos ante posibles tratamientos ilícitos.

k. Fomentar prácticas de alimentación saludable, especialmente entre colectivos vulnerables.

Todas las funciones deberán realizarse conforme a la normativa vigente sobre protección de datos personales.

⮑ **Implicación de la educación superior en la erradicación de la violencia sobre la infancia y la adolescencia.** Los centros de educación superior deberán fomentar la formación, docencia e investigación sobre los derechos de la infancia y la erradicación de la violencia. Los planes de estudio de titulaciones vinculadas al trato habitual con menores deberán incluir contenidos sobre prevención, detección e intervención, integrando la perspectiva de género.

⮑ **Actuaciones del Consejo de Universidades en la lucha contra la violencia sobre la infancia y la adolescencia.** El Consejo de Universidades promoverá anualmente el estudio y la investigación en derechos de la infancia y sobre la violencia hacia menores, especialmente en las titulaciones relacionadas con profesiones que impliquen contacto frecuente con personas menores de edad.

## 3.3. Ámbito sanitario

El ámbito sanitario es uno de los que mayor importancia cobra cuando hablamos de violencia infantil, sobre todo en lo que a la detección de casos se refiere.

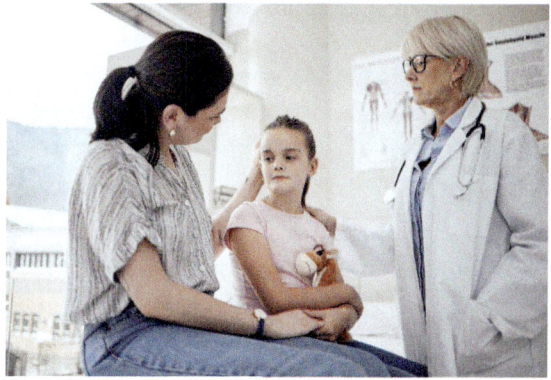

*La formación y especialización de pediatras y puericultores les permite detectar, de manera precoz, evidencias físicas y psicológicas de malos tratos en niños.*

Dada su importancia, desde la LOPIVI se recogen estas directrices (título III, capítulo VI):

**Actuaciones en el ámbito sanitario**
- Las administraciones sanitarias deben promover el buen trato y la detección precoz de la violencia hacia niños, niñas y adolescentes, mediante un protocolo común de actuación. Además, se impulsará la elaboración de protocolos específicos que contemplen la prevención, identificación de factores de riesgo y asistencia integral a las víctimas, especialmente en situaciones de vulnerabilidad. Igualmente, se garantizará el acceso universal y adaptado a servicios de información, atención sanitaria y salud mental.

**Comisión frente a la Violencia en los Niños, Niñas y Adolescentes**
- La Comisión frente a la Violencia en los Niños, Niñas y Adolescentes tiene la función de orientar la planificación de medidas sanitarias previstas en la ley y elaborar, en un plazo de seis meses desde su constitución, un protocolo común de actuación sanitaria. Este protocolo deberá evaluar y proponer acciones para aplicar adecuadamente la ley, establecer procedimientos de comunicación ante casos de violencia infantil y garantizar la colaboración interinstitucional con los servicios sociales, autoridades judiciales y entidades de protección. Se fomentará la participación de Administraciones públicas, instituciones y profesionales de sectores implicados en la protección de la infancia.

*Continúa en página siguiente >>*

*<< Viene de página anterior*

**Actuaciones de los centros y servicios sanitarios ante posibles situaciones de violencia**
- En todos los centros y servicios sanitarios que atiendan a una persona menor de edad como consecuencia de una situación de violencia, deberá aplicarse el protocolo común de actuación sanitaria previsto en el art. 39.2, incluyendo el momento del alta hospitalaria.
- Los registros derivados de la atención prestada quedarán incorporados a la historia clínica del menor. La protección de dicha información deberá ajustarse a lo dispuesto en esta ley, donde se indica que cuando las personas a las que se refiere el apartado 1 adviertan una posible infracción de la normativa sobre protección de datos personales de una persona menor de edad, deberán comunicarlo de forma inmediata a la Agencia Española de Protección de Datos.

## 3.4. Servicios sociales

Los servicios sociales desempeñan un papel esencial en la detección, prevención e intervención ante situaciones de violencia ejercida sobre la infancia. Su actuación permite garantizar la protección integral de los niños, niñas y adolescentes en contextos de vulnerabilidad.

En el caso de la LOPIVI, las actuaciones de estos servicios se encuentran recogidas en el título III, capítulo VII:

**Actuaciones por parte de los servicios sociales**
- El personal de servicios sociales, con condición de agente de la autoridad, podrá solicitar colaboración de otros servicios públicos en casos de violencia infantil.
- Junto a esta medida, se establece la posibilidad de actuar de forma urgente para garantizar la protección hasta la intervención de la entidad pública de protección a la infancia. En situaciones graves, se podrá acompañar a la persona menor a un centro sanitario, informando a quienes ejerzan la patria potestad, salvo que sean los presuntos responsables.

*Continúa en página siguiente >>*

*<< Viene de página anterior*

**De los equipos de intervención**
- Se requiere que los servicios sociales dispongan de equipos técnicos formados específicamente en violencia sobre la infancia. Estos equipos estarán compuestos preferentemente por profesionales del trabajo social, psicología, educación social y, cuando proceda, del ámbito jurídico, todos ellos con formación especializada.

**Plan de intervención**
- Ante indicios de violencia, se deberá establecer un plan coordinado para apoyar a las familias o intervenir directamente. La valoración debe ser interdisciplinar y con participación de sectores clave como salud, educación o justicia. En casos graves, se requerirá intervención especializada desde el inicio. Los servicios sociales serán responsables de recopilar la información, coordinar el análisis y notificar a los servicios especializados, garantizando la atención integral en estos casos.

**Seguimiento y registro de los casos de violencia sobre los menores**
- Se establece la obligación de crear un sistema autonómico de seguimiento y registro de casos de violencia infantil. Esta información se integrará en el Registro Unificado de Servicios Sociales sobre Violencia contra la Infancia (RUSSVI), permitiendo un control sistemático y coordinado de la intervención social ante estas situaciones.

 **IMPORTANTE**

El Registro Unificado de Servicios Sociales sobre Violencia hacia la Infancia y la Adolescencia sustituye al Registro Unificado de Maltrato Infantil y se encuentra regulado en la Ley Orgánica 1/1996, de 15 de enero, de Protección Jurídica del Menor, de modificación del Código Civil y de la Ley de Enjuiciamiento Civil.

https://redirectoronline.com/lopivi0202

 **TAREA 2**

Laura tiene 13 años y asiste al IES Colón. Siempre ha sido una alumna sociable, buena estudiante, pero, últimamente, su actitud ha cambiado: se muestra retraída, ha bajado su rendimiento escolar y evita el contacto con sus compañeros.

Una de sus profesoras, Inés, ha asistido recientemente a una formación sobre la LOPIVI y recuerda algunos indicadores de riesgo tratados en la sesión, por lo que decide activar el protocolo previsto.

Indica, teniendo en cuenta los ámbitos educativo, familiar, sanitario y de servicios sociales, qué pasos debería seguir Inés para ello.

## 3.5. Entorno digital

Los casos de abuso, extorsión, malos tratos y otras formas de violencia ejercida contra personas menores de edad se incrementan exponencialmente a través de los distintos entornos digitales a los que acceden niños, niñas y adolescentes.

El anonimato de los agresores, y la rapidez con la que se difunden los contenidos, favorecen la utilización de aplicaciones y herramientas conectadas a internet como medios habituales para la comisión de estos actos.

 **VÍDEO**

A continuación, se presenta una pequeña campaña de sensibilización contra el *ciberbullying* entre compañeros menores:

*Continúa en página siguiente >>*

*<< Viene de página anterior*

https://redirectoronline.com/lopivi0203

---

Ante esta gran amenaza, la LOPIVI establece las siguientes directrices al respecto (título III, capítulo VIII):

- **Uso seguro y responsable de internet.** Las Administraciones públicas deben desarrollar campañas dirigidas a la infancia, adolescencia, familias y profesionales del ámbito educativo y social para promover el uso seguro de internet, abordando los riesgos asociados a un uso inadecuado como el ciberacoso, el *grooming* o el *sexting*.
  Además, se impulsarán medidas de apoyo familiar que refuercen las competencias parentales, conforme a lo establecido en la normativa de protección de datos.
  Igualmente, se pondrá a disposición un servicio de línea de ayuda que ofrezca asistencia ante riesgos digitales, y se incentivará la responsabilidad social del sector empresarial en la protección digital de personas menores de edad. También se fomentará que las aplicaciones y servicios digitales incorporen medidas de protección desde su diseño. Las campañas institucionales deberán prevenir el impacto negativo de contenidos sexuales o violentos sobre la infancia y adolescencia.
- **Diagnóstico y control de contenidos.** Implica la obligación de realizar diagnósticos periódicos sobre el uso de internet por parte de niños, niñas y adolescentes, considerando la edad y el género, para identificar riesgos y nuevas tendencias. Además, se promoverá la colaboración con el sector privado para crear entornos digitales seguros, mejorar la clasificación por edades y el etiquetado de contenidos, y facilitar herramientas de control parental y sistemas de denuncia.
  Del mismo modo, se fomentará el desarrollo de contenidos digitales positivos y adecuados para cada grupo de edad, así como la autorregulación del sector industrial. También se impulsará la implementación de sistemas de verificación de edad para impedir el acceso a contenidos dirigidos a personas adultas.

Finalmente, se favorecerá la inclusión de advertencias en los envases de productos tecnológicos y la vigilancia del uso de estos dispositivos por parte de las personas adultas responsables de la educación de la infancia y adolescencia.

## 3.6. Ámbito deportivo y de ocio

La regulación del ámbito deportivo y de ocio garantiza entornos seguros para la infancia y adolescencia, previniendo situaciones de violencia y discriminación. En este sentido, se vuelve especialmente importante el establecimiento de protocolos obligatorios y responsabilidades claras, tanto para las entidades como para los profesionales.

Estas medidas contribuyen a reforzar la detección temprana y la intervención adecuada, además de favorecer el desarrollo integral en condiciones de respeto y protección.

Para hacer efectivas estas intenciones, la LOPIVI marca estas directrices:

- **Protocolos de actuación frente a la violencia.** Corresponde a las Administraciones públicas establecer protocolos para prevenir, detectar e intervenir ante situaciones de violencia sobre la infancia y adolescencia en entornos deportivos y de ocio.
  Su aplicación será obligatoria en todos los centros que desarrollen este tipo de actividades, con independencia de su titularidad, incluyendo centros de alto rendimiento, federaciones y escuelas municipales.
- **Entidades que realizan actividades deportivas o de ocio con menores.** Las entidades que desarrollen de forma habitual actividades deportivas o de ocio con personas menores de edad deberán:

  - Aplicar los protocolos establecidos por las Administraciones públicas en el ámbito deportivo y de ocio.
  - Implantar un sistema de control para asegurar el cumplimiento de dichos protocolos.
  - Designar una figura de delegado o delegada de protección que actúe como referente para la infancia y adolescencia y gestione las comunicaciones ante situaciones de violencia.
  - Adoptar medidas que eviten la discriminación por edad, origen racial, discapacidad, orientación o identidad sexual, u otras condiciones personales o sociales.

◗ Fomentar la participación activa de los menores en su formación y desarrollo integral.
◗ Reforzar la comunicación entre las entidades deportivas y las personas responsables legales de los menores.

## APLICACIÓN PRÁCTICA

**Marina coordina una escuela municipal que organiza actividades deportivas con menores de edad durante el verano.**

**Recientemente, se ha detectado un caso de acoso verbal por parte de un monitor a un adolescente con discapacidad. Ante esta situación, Marina debe revisar si su entidad cumple con las obligaciones establecidas por la normativa vigente y poner en marcha los mecanismos adecuados de prevención, detección e intervención.**

**¿Qué medidas deben implantarse en la entidad para garantizar un entorno seguro y libre de violencia, de acuerdo con lo previsto en la LOPIVI?**

**Solución**

De acuerdo con la LOPIVI, las entidades que desarrollen de forma habitual actividades deportivas o de ocio con personas menores de edad deberán:

• Aplicar los protocolos establecidos por las Administraciones públicas en el ámbito deportivo y de ocio.
• Implantar un sistema de control para asegurar el cumplimiento de dichos protocolos.
• Designar una figura de delegado o delegada de protección que actúe como referente para la infancia y adolescencia y gestione las comunicaciones ante situaciones de violencia.
• Adoptar medidas que eviten la discriminación por edad, origen racial, discapacidad, orientación o identidad sexual, u otras condiciones personales o sociales.
• Fomentar la participación activa de los menores en su formación y desarrollo integral.
• Reforzar la comunicación entre las entidades deportivas y las personas responsables legales de los menores.

## 4. Resumen

La Ley Orgánica 8/2021, de Protección Integral a la Infancia y la Adolescencia frente a la Violencia (LOPIVI), establece un marco legal orientado a garantizar el derecho de niños y adolescentes a vivir en entornos seguros, libres de cualquier forma de violencia. Esta protección adquiere un carácter reforzado por su vinculación con el art. 15 de la Constitución española, lo que implica el desarrollo de medidas específicas que deben ser adoptadas por todas las administraciones y sectores implicados.

La ley define cuatro niveles de actuación: sensibilización, prevención, detección precoz y prevención de la radicalización, promoviendo actuaciones coordinadas para identificar situaciones de riesgo y fomentar una cultura del buen trato. En cuanto a los protocolos de actuación, se organizan por ámbitos, cada uno con directrices diferenciadas.

En cuanto a sus ámbitos, la LOPIVI recoge diferentes protocolos en función del ámbito del que se trate:

**Ámbito educativo**
- Garantiza una formación transversal basada en el respeto, la igualdad y la convivencia, con la exigencia de planes de convivencia en todos los centros.

**Ámbito familiar**
- Se contempla la intervención ante situaciones de violencia de género, conflictos familiares o necesidad de apoyo en la crianza.

**Ámbito sanitario**
- Asume un papel clave en la detección precoz, especialmente desde la atención pediátrica, y se promueve la formación del personal para identificar señales de maltrato.

**Servicios sociales**
- Actúan ante contextos de especial vulnerabilidad y centralizan la información a través del Registro Unificado de Servicios Sociales sobre Violencia hacia la Infancia.

**Entorno digital**
- Prioriza la prevención de la violencia ejercida mediante plataformas tecnológicas, dadas la inmediatez y el anonimato con que se producen estas situaciones.

*Continúa en página siguiente >>*

*<< Viene de página anterior*

| Ámbito deportivo y de ocio | - Establece la obligación de contar con protocolos de actuación que garanticen entornos seguros, asignando responsabilidades claras a entidades y profesionales para prevenir, detectar e intervenir ante situaciones de violencia. |
|---|---|

El cumplimiento efectivo de estos protocolos requiere una aplicación práctica, coherente y transversal en todos los niveles del sistema, con la implicación activa de toda la comunidad.

# Ejercicios de autoevaluación
# Unidad de Aprendizaje 2

1. Determina si la siguiente afirmación es verdadera o falsa: "El seguimiento y registro de los casos de violencia infantil se realiza mediante el Registro Unificado de Maltrato Infantil".

   ■ Verdadero
   ■ Falso

2. ¿A qué se destinan las medidas contempladas en la protección integral de los menores?

   a. A garantizar su derecho a la integridad física.
   b. A fomentar la colaboración de la familia.
   c. A fomentar la colaboración de todas las instituciones implicadas.
   d. A garantizar su derecho a la integridad psicológica.

3. Determina si la siguiente afirmación es verdadera o falsa: "Los planes de convivencia de los centros educativos son obligatorios y están regulados en el art. 124 de la Ley Orgánica 2/2006, de 3 de mayo, de Educación".

   ■ Verdadero
   ■ Falso

4. ¿Cuántos niveles de actuación define la LOPIVI?

   a. Tres
   b. Cinco
   c. Seis
   d. Cuatro

5. ¿Cuáles son los objetivos de los protocolos de actuación?

   a. Garantizar la colaboración de los menores.
   b. Garantizar la protección de los menores.
   c. Garantizar la atención integral de los menores.
   d. Garantizar la restitución de los derechos de los menores.

# Glosario

**Buen trato**
Es el respeto a los derechos fundamentales de los niños, niñas y adolescentes, fomentando de manera activa la dignidad humana, el respeto mutuo, la convivencia democrática, la resolución pacífica de los conflictos, la igualdad de oportunidades, la prohibición de cualquier forma de discriminación y el derecho a igual protección ante la ley.

**Entorno seguro**
Se considera entorno seguro aquel en el que se respetan los derechos de la infancia y se garantiza un ambiente protector en los planos físico, psicológico y social, incluido el entorno digital.

**Niños, niñas y adolescentes**
Dentro del marco establecido por la Convención sobre los Derechos del Niño, esta categoría comprende a todas las personas menores de 18 años.

**Parentalidad positiva**
Modelo de cuidado ejercido por progenitores o por quienes desempeñan funciones de tutela, guarda, acogimiento u otras formas de cuidado alternativo, basado en el interés superior del niño, niña o adolescente. Se caracteriza por ofrecer un entorno afectivo y libre de violencia, garantizar el derecho a ser escuchado y tomado en cuenta, promover la educación en derechos y responsabilidades, apoyar el desarrollo de capacidades, proporcionar orientación y reconocimiento, y facilitar el desarrollo integral de la persona menor de edad.

**Protección integral**
Salvaguardia que implica una actuación multisectorial y continua por parte de las administraciones públicas, instituciones, entidades sociales y agentes comunitarios, abarcando desde el entorno familiar y educativo hasta el sanitario, judicial, deportivo y digital.

### Situaciones de vulnerabilidad

Condiciones personales, sociales o contextuales que pueden generar o aumentar el riesgo de exposición a la violencia en niños, niñas y adolescentes. Entre ellas se incluyen la discapacidad; la edad entre cero y tres años; el origen racial, étnico o nacional diverso; la situación de desventaja económica; la pertenencia al colectivo LGTBI; la orientación o identidad de género diversa; la experiencia migratoria; la condición de persona solicitante o beneficiaria de protección internacional o temporal; y la ausencia de cuidados parentales o el riesgo de perderlos.

### Violencia

Toda acción, omisión o trato negligente que priva a las personas menores de edad de sus derechos y bienestar, que amenaza o interfiere su ordenado desarrollo físico, psíquico o social, con independencia de su forma y medio de comisión, incluida la realizada a través de las tecnologías de la información y la comunicación, especialmente la violencia digital.

# Bibliografía

## Textos electrónicos

→ CoViNNA: Comisión frente a la Violencia en Infancia y Adolescencia, de: <https://www.sanidad.gob.es/areas/promocionPrevencion/prevencionViolencia/infanciaAdolescencia/CoViNNA.htm>.

　Se explica el papel, funciones y objetivos de la Comisión frente a la Violencia en los Niños, Niñas y Adolescentes en el ámbito sanitario.

→ Estrategia de Erradicación de la Violencia contra la Infancia y Adolescencia (2023-2030), de: <https://observatoriodelainfancia.mdsocialesa2030.gob.es/productos/pdf/EstrategiaErradicacionViolenciaContraInfanciaACCESIBILIDAD.pdf>.

　Documento encargado de presentar una hoja de ruta estatal para prevenir y eliminar la violencia contra la infancia, con medidas coordinadas y enfoque de derechos.

→ Guía sobre la Ley Orgánica de Protección Integral a la Infancia y la Adolescencia frente a la Violencia, de: <https://www.plataformadeinfancia.org/wp-content/uploads/2021/10/guia-ley-organica-proteccion-infancia-y-adolescencia-frente-a-violencia.pdf>.

　Documento que explica de forma accesible el contenido y alcance de la Ley Orgánica 8/2021, con ejemplos prácticos y orientaciones para su aplicación.

→ Influencia del Maltrato Infantil en el Desarrollo Psicosocial: una Revisión Bibliográfica, de: <https://openaccess.uoc.edu/server/api/core/bitstreams/f90ef2bb-6aa0-43ff-924c-73e8c4b328c0/content>.

　Este artículo analiza el fenómeno de la violencia digital sobre menores, abordando los riesgos, consecuencias y estrategias preventivas desde la educación.

→ Informe anual de la Comisión frente a la Violencia en los Niños, Niñas y Adolescentes (CoViNNA), de:
<https://www.sanidad.gob.es/areas/promocionPrevencion/prevencionViolencia/infanciaAdolescencia/docs/Informe_anual_CoViNNA.pdf>.

> Recoge las actuaciones realizadas, datos estadísticos y propuestas de mejora de la Comisión frente a la Violencia en la Infancia y Adolescencia.

→ Tipos de violencia infantil y cómo prevenirla, de:
<https://www.aldeasinfantiles.es/blog/tipos-de-violencia-infantil-y-como-prevenirla>.

> Texto en el que se abordan los principales tipos de violencia infantil y que ofrece pautas prácticas para su detección, prevención y abordaje en distintos contextos.

→ Violencia frente a la infancia y adolescencia, de:
<https://www.sanidad.gob.es/areas/promocionPrevencion/prevencionViolencia/infanciaAdolescencia/home.htm>.

> Ofrece información institucional sobre recursos, campañas y estrategias de prevención frente a la violencia contra la infancia y adolescencia.

## Legislación

→ Ley Orgánica 8/2021, de 4 de junio, de Protección Integral a la Infancia y la Adolescencia frente a la Violencia.

> Es la normativa encargada de establecer un marco de actuación para prevenir, detectar, intervenir y reparar cualquier forma de violencia sobre la infancia. Promueve entornos seguros y el interés superior del menor como principio rector.